www.ingramcontent.com/pod-product-compliance
Lightning Source LLC
LaVergne TN
LVHW010423070526
838199LV00064B/5395
9789358725650

کوئلے دہکتے ہیں

(شعری مجموعہ)

شیلیش زیدی

اردو ترجمہ:

اعجاز عبید

© Taemeer Publications LLC

Koyele dahakte haiN (Poetry)

by: Shailesh Zaidi

Edition: April '2024

Publisher :

Taemeer Publications LLC (Michigan, USA / Hyderabad, India)

ISBN 978-93-5872-565-0

9 789358 725650

مصنف یاناشر کی پیشگی اجازت کے بغیر اس کتاب کا کوئی بھی حصہ کسی بھی شکل میں بشمول ویب سائٹ پر اَپ لوڈنگ کے لیے استعمال نہ کیا جائے۔ نیز اس کتاب پر کسی بھی قسم کے تنازع کو نمٹانے کا اختیار صرف حیدرآباد (تلنگانہ) کی عدلیہ کو ہو گا۔

© تعمیر پبلی کیشنز

کتاب	:	**کوئلے دہکتے ہیں** (شعری مجموعہ)
مصنف	:	**شیلیش زیدی**
ترجمہ / تدوین	:	اعجاز عبید
صنف	:	شاعری
ناشر	:	تعمیر پبلی کیشنز (حیدرآباد، انڈیا)
سالِ اشاعت	:	۲۰۲۴ء
صفحات	:	۳۲
سرورق ڈیزائن	:	تعمیر ویب ڈیزائن

رہتے تھے سر پھرے میرے جیسے یہاں ضرور
گزری ہیں اس گلی سے کبھی آندھیاں ضرور

پوچھو نہ کھنڈروں سے تباہی کی داستاں
ان میں ملیں گی تم کو میری سسکیاں ضرور

ان جھونپڑوں کی راکھ ہٹا کر تو دیکھئے
اٹھے گی ان کے بیچ سے چنگاریاں ضرور

پہلے سے اور تیز ہوئی ہے بھنور کی پیاس
ہو کر ادھر سے گذرے گی کچھ کشتیاں ضرور

کچلے ہیں پربتوں کے * شکھر ہم نے پاؤں سے
ان پتھروں پہ ہوں گے ہمارے نشاں ضرور

پتھر سے اس نے کیسے مجھے موم کر دیا
اس 'سائرہ' کے پاس ہیں کچھ خوبیاں ضرور

ہرگز نہ توڑ پائیں گے وہ رشتے پیار کے
آنا ہے ایک دن انہیں میرے یہاں ضرور

* شکھر: چوٹیاں

* * *

وہ انساں اور ہوں گے راہ میں جو ٹوٹتے ہوں گے
ہمارے ساتھ جتنے لوگ ہوں گے سب کھرے ہوں گے
کرو مت پتھروں کی قیمتوں سے ہم کو آتنکت*
ہمارے پاس ایسے کتنے ہی پتھر پڑے ہوں گے
تمہارے جیتنے کے جشن میں خوشیاں منی ہوں گی
مگر کچھ لوگ چالوں پر تمہاری ہنس رہے ہوں گے
یہ کیسے سوچا تم نے ساری ندیاں سوکھ جائیں گی
سمجھتے کیوں رہے تم ریت کے سب گھر بنے ہوں گے
اندھیروں کے پرندے چھوڑ کر خوش ہو رہے ہو تم
سمجھتے ہو کہ ہر گھر میں انہیں کے گھونسلے ہوں گے
میں سچ کہتا ہوں جس دن دھوپ میں آئے گی کچھ تیزی
تمہارے پاس بس ٹوٹے ہوئے کچھ آئینے ہوں گے
بہت مضبوط تھیں ان کی جڑیں وشواس ہے مجھ کو
میں کیسے مان لوں یہ پیڑ آندھی میں گرے ہوں گے

* آتنکِت : خوف زدہ

٭ ٭ ٭

زمیں کی پیاس نے جب بھی ندی کو دی ہے صدا
پہاڑ توڑ کے پانی میں ڈھل گئی ہے صدا
ہمارے دل کی یہ دھڑکن عجیب دھڑکن ہے
کبھی ہے درد، کبھی حوصلہ کبھی ہے صدا
سلگتے کوئلے ایک دن ضرور دہکیں گے
انگیٹھیوں نے ہواؤں سے یہ سنی ہے صدا
وہ یاتناؤں* کی چوٹوں سے تھک نہیں سکتا
ہوا ہے کیا اسے، کیوں اس کی گھٹ گئی ہے صدا
لگاؤ ہم پہ نہ بندش ہمیں نہ قید کرو
ہم اپنے ہونٹ بھی سی لیں تو گونجتی ہے صدا
لگا کے آگ بہت مطمئن ہو تم لیکن
گھروں سے شعلے اگلتی ہوئی اٹھی ہے صدا

*یاتناؤں۔ تکلیفوں

***

سچ سے آنکھیں موند کر چلنا تمہیں اچھا لگا
کیا ہوا کیا زندگی میں زخم کچھ گہرا لگا
قید کا پنجرے کا عادی تھا پرندہ اس قدر،
پیڑ کی شاخوں پہ جب آیا اسے ڈر سا لگا
مدتوں کے بعد ملنے پر یہ کیا مجبوریاں،
دھڑکنیں ہونٹوں تک آئیں بولنا بے جا لگا
آپ وعدوں سے مکر جائیں گے یہ سوچا نہ تھا،
جب حقیقت سامنے آئی تو سب دھوکہ لگا
جانے کیسے زندگی کی ساری قدریں مٹ گئیں،
آدمی سیلاب میں بہتا ہوا تنکا لگا
ہر قدم پر بے وفائی کے کرشمے دیکھ کر،
چھٹ پٹاتی زندگی کا ہر ورق سادہ لگا

٭٭٭

میری یادیں اثر کر رہی ہیں
ان کی آنکھوں کو تر کر رہی ہیں
حادثہ دل پہ گزرا ہے کوئی،
دھڑکنیں باخبر کر رہی ہیں
ان ہواؤں کو کیا ہو گیا ہے،
راز کیوں مشتہر کر رہی ہیں
وہ نہیں ہے تو کیا، ان کی یادیں،
ساتھ میرے سفر کر رہی ہیں
کس لئے دل کے سونے مکاں میں،
پھر سے امیدیں گھر کر رہی ہیں
سن رہا ہوں، میں جو بھی صدائیں،
پیار کو معتبر کر رہی ہیں

***

سایہ کیسا دھوپ بھی ناپید ہو جاتی ہے اب

زندگی سانسوں میں اکثر وِش پرو جاتی ہے اب

بند کمرے میں دھوئیں کے بیچ کیسے سانس لوں،

چھٹپٹا کر آرزو جینے کی سو جاتی ہے اب

کیسے گیلی لکڑیاں سوکھیں، جلیں شعلوں کی طرح

روز آ آ کر انہیں بارش بھگو جاتی ہے اب

میں مسافر ہوں چلا جاؤں گا مت چھیڑو مجھے،

میری دنیا خود مجھے نشتر چبھو جاتی ہے اب

ریت پر جلتے ہوئے پاؤں کا شکوہ کیا کروں،

اس سمندر کی ہوا تک آگ ہو جاتی ہے اب

***

دل نے آشاؤں کے دو بول سنائے ہوں گے
بس اسی بات پہ آنسو نکل آئے ہوں گے
اس کو بھی میرے خیالوں نے ستایا ہو گا،
اس نے بھی میری طرح خواب سجائے ہوں گے
چاہ کر بھی وہ کسی لمحہ نہ تنہا ہو گا،
ساتھ جب میں نہ رہوں گا میرے سائے ہوں گے
اس سے وابستہ کوئی شے نظر آئی ہو گی،
جس نے سوئے ہوئے احساس جگائے ہوں گے
میں نے جن کے لئے ہنس ہنس کے غموں کو جھیلا
کیا خبر تھی کہ وہی لوگ پرائے ہوں گے
شام کی طرح اگر صبح بھی دھاندلی ہو گی،
ہم اجالوں کی نئی شمعیں جلائے ہوں گے
صبر کی میرے حدیں دیکھ کے حیرت میں ہیں سب،
اتنے دکھ تو نہ کسی نے بھی اٹھائے ہوں گے

* * *

اس کی آنکھیں جو دل میں اتر جائیں گی
دیکھنا کوئی ہنگامہ کر جائیں گی

میری یادوں کو اس طرح دعوت نہ دو،
یہ جب آئیں گی آ کر ٹھہر جائیں گی

ان وفاؤں پہ کیسے بھروسہ کروں،
یہ وفائیں کسی دن مکر جائیں گی

حوصلہ ہو تو خوابوں کی یہ کشتیاں
ہوکے طوفان سے بھی گزر جائیں گی

یہ لتائیں بہت ہی ہری ہیں مگر،
آبپاشی نہ ہو گی تو مر جائیں گی

یوں ہی گر ہم *وکلپوں میں جیتے رہے،
حسرتیں ریت بن کر بکھر جائیں گی

تم اگر ہمنوائی پہ قائم رہو،
وادیاں زندگی کی سوار جائیں گی

*وکلپوں: متبادل چیزوں

***

میں نے زبان کھولی تو طوفاں مچل پڑے
میں چپ رہا تو آپ کے آنسو نکل پڑے
شبدوں میں ایسا کیا تھا کہ سوئی سی چبھ گئی
آیا تھا کیا* پرسنگ کہ وہ یوں ابل پڑے
تھے ہوش میں تو جھوٹ کے پل باندھتے رہے
پر جب نشہ چڑھا تو حقیقت اگل پڑے
تم نے چنا ہے اپنے لئے خود یہ راستہ
دیکھو نہ زندگی میں کوئی اب خلل پڑے
ہوتی ہیں آنسوؤں میں تپش آگ کی طرح
ڈر تا ہوں میں کہ آپ کا دامن نہ جل پڑے
کر لی تباہ آپ نے خود اپنی زندگی
کتنے ہی ورنہ راہ میں گر کر سنبھل پڑے

*پرسنگ: موقع، موضوع، سیاق و سباق

***

ہم تو بس روشنی ساتھ لے کر چلے
کیا خطا تھی ہماری کہ پتھر چلے
خود ہی چٹانیں دیتی رہیں راستے
ہو کے بے خوف ہم پربتوں پر چلے
پرندوں کو اندھیرے کھٹکنے لگے
شام ہوتے ہی گھبرا کے سب گھر چلے
کھادیوں میں چھپا کر *وشیلے بدن
*دنش اپنا چبھونے یہ *وشدھر چلے
مے کے پیالوں میں تھا آدمی کا لہو
بزم میں ویسے کہنے کو ساغر چلے
نکلے 'ہر ہر مہادیو' گھر پھونکنے
جان لینے کو 'اللہ اکبر' چلے
دھرم کیا ہے کسی کو پتہ تک نہ تھا
دھرم کے نام پر پھر بھی خنجر چلے

*وشیلے: زہریلے

*دنش: ڈنک

*وشدھر: زہر بھرے۔ سانپ

* * *

دل میں وفا ہے آنکھوں میں بے گانگی بھی ہے
یادیں سنجوئے بیٹھے ہیں اور بے رخی بھی ہے
*سنکلپ کر چکے ہیں نہ مجھ سے ملیں گے وہ
سنکلپ توڑنے کی مگر بے کلی بھی ہے
کرتے ہیں میرے *چتر کے ٹکڑے بھی کر و دھ میں
ہونٹوں پہ گنگناتی میری شاعری بھی ہے
رہتی ہیں مجھ سے ان کو ہمیشہ شکایتیں
لیکن میرے دکھوں سے انہیں کھلبلی بھی ہے
محسوس کر رہا ہوں، میں ان کی اداؤں سے
اس دشمنی کے پیچھے کہیں دوستی بھی ہے
کیوں ڈر گئے پہاڑوں کی اونچائیوں سے آپ
ان پربتوں کے بیچ میں بہتی ندی بھی ہے

*سنکلپ: عہد
*چتر: تصویر

***

وکلپ کوئی نہیں زندگی ادھوری ہے
ملی ہے جو بھی مجھے روشنی ادھوری ہے
نہ ہو اگر مرے شعروں میں آنسوؤں کی نمی
یقین کر لو میری شاعری ادھوری ہے
میں لکھ رہا ہوں جسے مدتوں سے آپ کے ساتھ
نہ جانے کیوں وہ کہانی ابھی ادھوری ہے
ندی نہ گزرے جو ٹکرا کے پتھروں سے کبھی
بہاؤ کہتا ہے اس کا، ندی ادھوری ہے
جو دو دلوں کو نہ دے پائے ایک سی گرمی
کرن وہ کیسی بھی ہو پیار کی، ادھوری ہے
خوشی سے ہنس بھی سکوں گا نہ میں کبھی یارو
بغیر اس کے میری ہر خوشی ادھوری ہے

***

زندگی کرائے کا مکان بن گئی
اب خوشی بھی درد کے سمان بن گئی
پتھروں کو چھینیوں کی چوٹ جب لگی
ایک امورت کلپنا مہان بن گئی
اندھکار کی گھٹن فضا میں چھا گئی
سانس آدمی کی بے زبان بن گئی
*پکشیوں کے شور سے درخت ہل گئے
من کی سادھ صبح کا ودھان* بن گئی
ڈر گیا وہ سرخیوں سے آسمان کی
دھوپ انقلاب کا نشان بن گئی
وہ ہنسی کہ جس کی گونج اب بھی ہے کہیں
من کی ویدناؤں** کا ندان** بن گئی

پکشیوں: پرندوں

ودھان: اصول، قانون

ویدنا: تکالیف

ندان: مداوا

* * *

میں ایک بات کہوں گر اسے برا نہ لگے
سوائے اس کے مجھے کوئی دلربا نہ لگے

خطا کرے بھی تو اس کی خطا خطا نہ لگے
کسی طرح وہ مجھے لائق سزا نہ لگے

رہو جو دور تو بھاری ہو ایک ایک لمحہ
قریب آؤ تو کچھ وقت کا پتہ نہ لگے

مکاں کے سب درو دیوار جاں کے دشمن ہیں
زباں کھلے بھی تو کچھ یوں، انہیں ہوا نہ لگے

وہ یوں ہی بات بنائے تو مان لے دنیا
میں واقعہ بھی سناؤں تو واقعہ نہ لگے

وہ میرے ساتھ ہو جس وقت ہے یقیں مجھ کو
خدا بھی آئے اگر سامنے خدا نہ لگے

ہو ابرف سی آ کر اگر چبھیں جو کبھی
انگیٹھیوں کا دہکنا کسے بھلا نہ لگے

***

پیار میں درد ہی ملتا ہے تو ایسا ہی سہی
صبر کی میری پریکشا ہے تو ایسا ہی سہی
جو ملا پیار سے ہم نے اسے اپنا سمجھا
اب اگر پیار بھی دھوکا ہے تو ایسا ہی سہی
توڑنا سنیہ کے سمبندھ سہارا دے کر
تم سمجھتے ہو کہ اچھا ہے تو ایسا ہی سہی
ہم سنائیں گے بڑے شوق سے پیڑا اپنی
آج جب آپ نے چھیڑا ہے تو ایسا ہی سہی
شبد آئیں گے نہ ہونٹوں پہ شکایت کے کبھی
دکھ ہی تقدیر کا حصہ ہے تو ایسا ہی سہی
کٹ گیا کتنے ہی سنگھرشوں میں جیون اپنا
زندگی کی یہی منشا ہے تو ایسا ہی سہی

***

پڑ جائیں آبلے نہ کہیں، ننگے پاؤں ہو
گرمی میں تار کول کی سڑکوں پر مت چلو
یا تو میری زبان ہی چاقو سے کاٹ دو
یا میں جو بات تم سے کہوں غور سے سنو
وہ آدمی جو مر گیا ہمشکل تھا میرا
پہچاننے میں مجھ کو بہت دیر مت کرو
ہر ایک اپنے خول میں ننگا ملا مجھے
میں نے بہت قریب سے دیکھا ہر ایک کو
دو اس طرح نہ موت کی تم دھمکیاں مجھے
ہمت اگر ہے سامنے آؤ، اٹھو، بڑھو
سینے پہ جس کے سچ کا کوَچ ہے وہ کیوں ڈرے
ایمان اپنا کرنا ہے، گولی سے داغ دو
کیا غم ہے تم روتے ہو کیوں ساری رات تم
اپنا سمجھ کے ہم سے کوئی بات تو کہو

***

سورج کے پاس دھوپ نہ پانی ندی کے پاس
مٹی کا ایک جسم ہے خالی سبھی کے پاس
کیا حادثہ ہوا کہ نشاں تک نہیں بچا
پہلے تو ایک گھر تھا یہاں اس گلی کے پاس
کیوں پتھروں سے پھوڑ کے سر بیٹھ جایئے
کیوں زندگی کو دیکھئے بے چارگی کے پاس
آنکھیں اگر نہ بھیگیں تو ہرگز غزل نہ ہو
اگتے ہیں پیڑ پودے ہمیشہ نمی کے پاس
الزام جتنا چاہیں لگائیں خوشی سے آپ
کب گندگی پہنچتی ہے پاکیزگی کے پاس
آنسو، چبھن، مصیبتیں، دکھ درد، *ویدنا
ہر دل کی *سمپدا ہے میری شاعری کے پاس
وہ پیڑ کیسا دھوپ میں تپ کر نکھر گیا
سایہ مسافروں کو ملا بس اسی کے پاس

*ویدنا: درد، تکلیف

*سمپدا: املاک

***

ٹاٹ کے ٹکڑوں پہ چپکے تتلیوں کے پر ملے
موت کی تصویر میں بھی زندگی کے سوَر* ملے
کھوجنے بیٹھے تھے ناحق ارتھ ہم ایمان کا
*شبد کوشوں میں تو بس ٹوٹے ہوئے اکشر ملے
رات تک جو لوگ شاسن کے نشے میں چور تھے
دھول میں لپٹے صبح ہونے پر ان کے سر ملے
بانسری ہے کنس کے ہاتھوں میں سر پر ہے مکٹ
گوپیاں خوش ہیں انہیں سوبھاگیہ سے گردھر ملے
سوچ کر ہوگا امن گزرا میں جب اس گاؤں سے
آگ کے شعلے اگلتے پھونس کے چھپر ملے
گھپ اندھیروں کی نکیلی وِش بھری درگندھ میں
سانس لیتے، چھٹپٹاتے چیختے کچھ گھر ملے
کہہ دو* سِتّا سے کہ اب مزدور بک سکتے نہیں
بات کرنی ہو جسے، ان سے ذرا جھک کر ملے
ہار کے احساس سے گزرے کسی لمحہ نہ ہم
دکھ ملے، پیڑا ملی، آنسو ملے، نشتر ملے

سب کے سب بہروپیے ہیں ان سے رہنا ہوشیار
ویش میں نیتا کے ہم کو ہر جگہ وشدھر ملے

* سور: آواز

شبد کوشوں: لغات

* ستّا: اقتدار

٭٭٭

آنسوؤں سے رات کا دامن اگر بھیگا تو کیا
کس نے چتنا کی مری میں پھوٹ کر رویا تو کیا
کوئی بھی ایسا نہ تھا اپنا سمجھتا جو مجھے
زندگی کے موڑ پر میں رہ گیا تنہا تو کیا
سچ کہیں ہوتا ہے ایسی کوششوں سے داغدار؟
جل کے سورج پر کسی نادان نے تھوکا تو کیا
کرسیوں کے ساتھ ہے لپٹا ہوا لوگوں کا پیار
کرسیوں کے بیچ ہے انسان ناکارا تو کیا
جب سمجھنے کی گھڑی آئی تو آنکھیں پھیر لیں
اب کسی نے بھی اگر شیلیش کو سمجھا تو کیا

***

سازِ دل پر کوئی نغمہ ہی سناتے رہیے
اپنے ہونے کا کچھ احساس دلاتے رہیے
اپنی خاطر نہ سہی میری تسلی کے لئے
جیسے آتے تھے اسی طرح سے آتے رہیے
رنجشیں ہوں بھی تو غیروں پہ نہ ظاہر کیجئے
رسمِ دنیا ہی سہی، ساتھ نبھاتے رہئے
ناامیدی کو کبھی پاس نہ آنے دیجے
شمعیں جب گل ہوں نئ شمعیں جلاتے رہیے
خوبصورت ہے بہت دیکھئے تصویرِ حیات
شرط اتنی ہے کہ کچھ خواب سجاتے رہیے
بزمِ احباب میں پلکوں کی نمی کیا معنی
غم اٹھانے کے لئے ہنستے ہنساتے رہیے
کچھ تو رکھنا ہے بہر حال وفاؤں کا بھرم
آتے جاتے کبھی بس ملتے ملاتے رہیے

***

میں چاہتا ہوں جنھیں اپنی زندگی کی طرح
مرے قریب وہ بیٹھے ہیں اجنبی کی طرح
نہ تیاگ پائیں گے ہم * آتمیتا اپنی
کہ ہم زمانے میں جیتے ہیں آدمی کی طرح
جنہیں سمجھتا تھا میں اپنے راستے کا دیا
قدم قدم پہ وہ ملتے ہیں تیرگی کی طرح
تلاش صبح کی تھی مجھ کو شام ہی سے مگر
ملی جو صبح تو ویراں تھی شام ہی کی طرح
ملا نہ چاک گریباں کوئی بھی گل کی طرح
ہنسا نہ کوئی جہاں میں کبھی کلی کی طرح
بہت حسین ہے دشینت کی غزل لیکن
ملا نہ درد اسے میری شاعری کی طرح

* آتمیتا: اپناپن، انسانیت

***

پتھروں سے پیار کی باتیں کیا کرتا ہوں میں
جستجو میں آبشاروں کی بہت بھٹکا ہوں میں
مجھ کو طوفانوں میں بھی ہوتا نہیں دریا کا خوف
بے جھجھک پانی میں نیچے تک اتر جاتا ہوں میں
پوچھتے ہیں لوگ ناحق مجھ سے میری خیریت
خود خبر مجھ کو نہیں رہتی کبھی کیسا ہوں میں
دیکھ لیتا ہوں ہری شاخوں میں شعلے آگ کے
کہہ دو لوگوں سے کہ اپنے دور کا موسیٰ ہوں میں
جن درختوں پر ہوا کرتے تھے پتے بے شمار
ان کی شاخوں کو برہنہ پا کے افسردا ہوں میں

***

دو چار پل سہی کبھی ایسا دکھائی دے
جس زاویے سے دیکھوں وہ اپنا دکھائی دے

جب بھی ہر ایک سمت اندھیرا دکھائی دے
دل میں وہ اک چراغ جلا تا دکھائی دے

وہ کیا کرے درخت کے سائے کی آرزو
آنکھوں میں دور تک جسے صحرا دکھائی دے

جب ہو کے سیڑھیوں سے چلی جائے چھت پہ دھوپ
آنگن میں صرف ایک دھند لکا دکھائی دے

بارش سے بچ بچا کے جو گھر میں پناہ لوں
ہر سمت سے مکان ٹپکتا دکھائی دے

مدت ہوئی کیا جسے میں نے سپردِ خاک
ہر لمحہ میرے ساتھ وہ زندہ دکھائی دے

* * *

روشنی پھوٹے گی نشچت روپ سے
ہم لڑیں گے کل *ویوستھِت روپ سے
پاردرشی ہے شتج کی بھنگما
اس کو مت دیکھو سشنکت روپ سے
ہم کو پہچانو تمہارے وکش *میں
ہم چھپے ہیں *سارگربھِت روپ سے
*سامایک ہیں سب *ششر کی دہشتیں
آگ دہکے گی *اباندھت روپ سے
جانتے ہیں سب تمہیں اچھی طرح
کیا ملے گا اس پر چارِت *روپ سے

*ویوستھِت: منظم
*پاردرشی: شفاف
*شتج: افق
*بھنگما: روشنی
سشنکت: شک کے ساتھ

* وکش: چھاتی

* سار گر بھِت: خلاصے کی شکل میں

* سامایک: عصری

* ششر: آسمان

* اباندھت: بناروک ٹوک

* پرچارِت: مشتہر

* * *

ویسے تو گھر کے لوگ بہت ساوٗدھان تھے
پھر بھی جگہ جگہ پہ لہو کے نشان تھے
وہ کوٹھیاں بنی ہیں جہاں اک قطار میں
پہلے اسی جگہ پہ ہمارے مکان تھے
*سوادھینتا کی مانگ میں جو خون بھر گئے
ہمت تھی ان کے پاس دل ان کے جوان تھے
چپ چاپ یاتنائیں* سہن کر گئے تمام
شاید یہاں کے لوگ بہت بے زبان تھے
کرتے تھے آئے دن میری کھل کر برائیاں
میری طرف سے آپ بہت بدگمان تھے
من کی کوئی گپھا بھی اجنتا نہ بن سکی
پہلے کے چترکار بہت ہی مہان تھے

*سوادھینتا: آزادی
*یاتنائیں: تکلیفیں

***

بچ کے جیون کے سنگھرش سے ناٹکوں میں لگے ہیں سبھی
کیسی انچاہی لاچاریاں، انمنا جھیلتے ہیں سبھی
خون آنکھوں سے چھلکے اگر، کچھ اجالا دکھائی پڑے،
کندراؤں کی دہلیز پر، ہونٹ سی کر کھڑے ہیں سبھی
نیلے آکاش کی چیتنا، مٹھیوں میں دبائے ہوئے،
پربتوں کے ارادے لئے، ایک جُٹ ہو گئے ہیں سبھی
پنچھیوں کے سرل دائرے، ڈھل گئے شدھ ویاپار میں،
آتماؤں کے نیلام کی، بولیاں بولتے ہیں سبھی
زندگی کی کتابیں بھلا، کیسے پڑھنے کی جرات کریں،
مرتت شبدوں سے بچتے ہوئے، زندگی جی رہے ہیں سبھی
جنم کی چھٹپٹاہٹ لئے، کتنی بُدھیائیں مر جائیں گی،
مادھوؤں گھیسوؤں کی طرح، سانس لینے لگے ہیں سبھی

***